ÉLOGE

HISTORIQUE

de feu le D.r Louis VALENTIN,

CHEVALIER DES ORDRES DE St.-MICHEL ET DE LA LÉGION-D'HONNEUR, MEMBRE DU CONSEIL MUNICIPAL DE NANCY ET DE PLUSIEURS SOCIÉTÉS SAVANTES NATIONALES ET ÉTRANGÈRES ;

Lu à la Séance publique de la Société Royale des Sciences, Lettres et Arts de Nancy, le 14 mai 1829,

Par M. DE HALDAT,

INSPECTEUR DE L'ACADÉMIE DE NANCY, DIRECTEUR DE L'ÉCOLE SECONDAIRE DE MÉDECINE DE LA MÊME VILLE, etc. etc.

Multis ille bonis flebilis occidit.

NANCY,
DE L'IMPRIMERIE DE C.-J. HISSETTE, RUE DE LA HACHE, N° 53.

1829.

ÉLOGE

HISTORIQUE

de feu le D.ʳ Louis VALENTIN.

ÉLOGE

HISTORIQUE

de feu le Dr Louis VALENTIN,

CHEVALIER DES ORDRES DE St.-MICHEL ET DE LA LÉGION-D'HONNEUR,
MEMBRE DU CONSEIL MUNICIPAL DE NANCY ET DE PLUSIEURS
SOCIÉTÉS SAVANTES NATIONALES ET ÉTRANGÈRES;

Lu à la Séance publique de la Société Royale des Sciences, Lettres et
Arts de Nancy, le 14 mai 1829,

PAR M. DE HALDAT,

INSPECTEUR DE L'ACADÉMIE DE NANCY, DIRECTEUR DE L'ÉCOLE SECONDAIRE
DE MÉDECINE DE LA MÊME VILLE, etc. etc.

Multis ille bonis flebilis occidit.

NANCY,

DE L'IMPRIMERIE DE C.-J. HISSETTE, RUE DE LA HACHE, N° 53.

1829.

ÉLOGE

HISTORIQUE

DU Dʀ. L. VALENTIN.

Louis Valentin, docteur en médecine, professeur et chirurgien au régiment du Roi, premier médecin des armées de St.-Domingue et des hôpitaux français en Virginie, chevalier des ordres de St.-Michel et de la Légion-d'Honneur, membre du Conseil municipal de Nancy, de l'Académie Royale de médecine et d'un grand nombre de Sociétés savantes françaises et étrangères, est né à Soulanges, près Vitry-le-François, le 15 octobre 1758. Son père, qui cultivait en cette campagne un modique patrimoine, lui trouvant des dispositions qui semblaient l'appeler à une carrière plus élevée que la sienne, lui fit faire les premières études littéraires, et confia ensuite son éducation aux soins de J.ⁿ-P.ʳʳᵉ Valentin, son oncle, chirurgien en second au régiment du Roi. Ce corps, dont M. le duc du Châtelet avait voulu augmenter l'illustration en y rassemblant tous les moyens d'instruction applicables à l'art de la guerre, avait alors un enseignement de chirurgie militaire où se formaient, sous la protection de ce chef éclairé, des chirurgiens destinés au service des armées. Ce fut dans cet établissement que le jeune Valentin reçut les premiers principes d'un art, que plus tard il devait enrichir, et pour lequel il montrait, dès sa 16ᵉ année, des dispositions qui fructifièrent promptement sous des maîtres dont les leçons étaient dictées par l'attachement autant que par le devoir.

Le studieux élève ne se bornait pas cependant à cette source unique d'instruction. Les cours de la Faculté de médecine de Nancy, et particulièrement ceux d'anatomie et de physiologie, où N.ᵒˢ Jadelot ([1]) étalait les trésors d'une longue expérience et d'une érudition choisie, occupaient les instants inutiles au service du corps qui l'avait adopté. De tels efforts, soutenus autant que bien dirigés, ne pouvaient être stériles; ils le mirent bientôt en état de remplacer son oncle dans ses honorables fonctions. Depuis cette époque, quoiqu'il fût à peine dans sa 26.ᵉ année, il se vit à la fois chargé du service de santé qu'il partageait avec Desoteux et de la partie principale de l'enseignement. Un tel fardeau eût été accablant pour un esprit moins actif que M. Valentin ; mais il trouva dans son zèle et son amour de l'étude des ressources qui applanirent toutes les difficultés. Sous son nouveau directeur l'école prit en effet une activité nouvelle ; les germes de l'émulation qu'il répandait par son exemple se développaient rapidement ; on en vit sortir tout-à-coup plusieurs chirurgiens distingués, et ce qui est plus remarquable encore, un jeune professeur ([2]) disciple, et bientôt émule de M. Valentin, qui

---

([1]) Phisiologiste distingué, auteur de l'ouvrage *Physica hominis sami*.

([2]) Le docteur Flamant, dont l'élocution facile et brillante est un des ornements de la faculté de médecine de Strasbourg.

réunissant ses efforts à ceux de son maître, partage l'honneur de ces heureux résultats.

Les succès de M. Valentin dans la pratique et dans l'enseignement, avaient prouvé que l'on peut être médecin sans diplôme, et professeur sans être coiffé du bonnet doctoral. Mais les épreuves légales auxquelles doivent être soumis tous ceux qui se vouent à cette noble carrière, étaient trop justement appréciés par notre Collègue pour qu'il veuille s'y soustraire. Son titre de professeur semblait exiger celui de docteur; il s'empressa de le demander à la Faculté, dont les membres avaient été témoins de son zèle, et se soumit avec joie à des examens qui ne pouvaient que relever son mérite. Sa Thèse pour le baccalauréat, dans laquelle il a discuté, comparé les diverses méthodes d'inoculation et établi le régime des inoculés, peut être considérée comme les premiers rudiments de l'ouvrage étendu, publié dix années après, en commun avec Desoteux, (1) dans lequel, suivant le plan de Gandoger qui les avait précédé dans ce travail, les deux auteurs ont retracé l'histoire de l'introduction de cette pratique d'après les documents les plus exacts; discuté toutes les questions relatives à l'inoculation variolique, et ressemblé les préceptes les plus utiles pour en assurer les succès. Quoique la thèse du professeur et l'ouvrage du praticien aient paru à deux époques éloignées, nous rapprochons ces deux productions à raison de leur objet

---

(1) *De optimo methodo variola inoculandi et inoculatas tractandi*, in-4°, Nancy, 1786. Traité historique et pratique de l'inoculation, in-8.°, Paris, an XIII.

commun, et plus particulièrement encore pour marquer le début de M. Valentin dans la carrière scientifique, où l'on observe que ses recherches on été constamment dirigées vers les objets les plus utiles. L'inoculation, sous ce rapport, fixa spécialement son attention, mais il ne se contenta pas d'en étudier la théorie, il s'efforça de la populariser pour en multiplier les bienfaits. La méthode préservatrice importée en Angleterre par Lady Wortley Montagu, devait sans doute céder à l'inestimable découverte de Jenner; mais il me semble qu'il y aurait beaucoup d'ingratitude à oublier les services qu'elle rendait alors, et à méconnaître le mérite de ceux qui s'en déclarent partisans. Pour le faire sans injustice, il faudrait ignorer les obstacles qu'ils eurent à vaincre, les préjugés, les fausses doctrines qu'il leur fallut combattre; il faudrait enfin ne pas reconnaître que c'est la victoire alors remportée sur les ennemis de l'inoculation, qui a préparé le triomphe de la vaccine.

La Thèse de M. Valentin pour le doctorat, bien différente de cette multitude d'imprimés qui n'ont d'autre but que de remplir une vaine formalité, est une dissertation sur le goître et l'héméralopie qui avaient régné épidémiquement parmi les soldats du régiment du Roi, et dont étaient spécialement atteints les factionnaires et tous ceux qui fesaient un service de nuit. Les observations recueillies sur le caractère et le traitement de ces deux affections analysées dans la dissertation latine (1), ont depuis fourni la matière de deux mémoires; l'un sur le goître, couronné par l'Académie Royale de chirurgie; l'autre sur l'héméralopie et la

(1) *De struma broumocele dicata et de hemeralopia*, Nanceii, in-4.°, 1787.

nictalopie adressés en 1790 à la même Société, dans laquelle sont consignés les résultats de plus de 700 traitements d'une maladie assez rare pour que beaucoup de médecins n'aient pas eu l'occasion de l'observer dans le cours d'une longue pratique.

M. Valentin, pourvu de tous les grades et d'un titre qui lui assuraient un rang élevé dans la médecine militaire, remplisait avec autant de zèle que de succès ses honorables fonctions ; partagé entre l'enseignement et l'observation à laquelle il s'était voué, il voyait sa réputation s'accroître de jour en jour, quand un évènement, hélas ! trop fameux en cette ville, lui ravit tout-à-coup des avantages acquis au prix de tant de travaux. C'était alors l'époque où l'armée, en proie à la discorde, avait secoué le joug de la discipline et se livrait à tous les excès dont est capable la multitude ignorante et séduite : le régiment du Roi ne fut pas à l'abri de la funeste contagion ; coalisé avec les autres corps stationnés à Nancy et à Lunéville, les soldats se portèrent à de telles violences envers leurs chefs, qu'un décret ordonna des mesures répressives contre les rebelles. Vous ne connaissez que trop, Messieurs, le résultat de cette malheureuse affaire dans laquelle des citoyens égarés, peut-être encore plus que coupables, se joignirent aux factieux de cette journée de funeste mémoire (1), où le rétablissement de l'ordre coûta la vie à un jeune héros digne d'un meilleur sort (2) et à un grand nombre de Français fidèles à leur devoir.

(1) 31 août 1790.

(2) Désilles, lieutenant au régiment du Roi, assassiné en défendant l'approche d'une pièce de canon dirigée par les rebelles contre les troupes et les gardes nationales employées à réprimer la sédition.

Cette catastrophe, qui fournit à notre Collègue l'occasion de signaler son zèle et son humanité, l'ayant privé de son emploi près d'un corps dont le licenciement était nécessaire, il se décida à transporter son domicile à St.-Domingue, où son mariage lui avait acquis des possessions propres à l'indemniser de ses pertes.

Accueilli par le public, honoré de la confiance du Gouvernement qui lui donna le titre de médecin en chef des troupes de la Colonie, il commençait à jouir du fruit de son entreprise, lorsque le ferment de la révolution française (1793), transporté dans le Nouveau-Monde, amena l'incendie du Cap, la destruction des propriétés, l'extermination des Européens, et par cette cause la ruine de notre Collègue qui vit son habitation dévorée par les flammes, et perdit en quelques instants ses possessions, sa bibliothèque, ses manuscrits et une collection précieuse de pièces anatomiques. Pourquoi faut-il que l'histoire paisible de la science se trouve si souvent mêlée à celle des malheurs et des crimes de cette funeste époque? Mais comment pourrions-nous effacer de notre mémoire le tableau qu'il fesait de l'explosion épouvantable qui eut lieu, lorsque de coupables envoyés, déchaînant les passions les plus fougueuses, donnèrent sans précaution la liberté à une classe d'hommes qui n'en pouvaient connaître ni les limites ni les devoirs; qui, victimes d'une longue servitude, ne croyaient assurer la durée du bonheur qu'on lui promettait, qu'en la cimentant du sang de ses maîtres. Échappé comme par miracle de la ville envahie par les nègres exterminateurs, M. Valentin se retira vers la flotte française. Elle était agitée des mêmes passions qui venaient de perdre la colonie ; cependant il y trouva un asile; mais il emportait avec lui la douleur de se voir privé d'une épouse, sur le sort de laquelle il resta dans l'incertiude jusqu'à son arrivée aux États-Unis, où elle s'était réfugiée avec d'autres Colons, dans le dénûment le plus absolu.

Ce fut dans une situation si pénible au plus grand nombre des Français fugitifs, que M. Valentin eut lieu de se féliciter, comme un philosophe de l'antiquité, de porter avec soi une richesse qu'on ne peut nous ravir. Le Consul de notre Nation, heureux de trouver un médecin aussi capable de porter d'utiles secours à nos soldats et à nos marins, lui confia la direction des hôpitaux établis par ses soins en Virginie, et auxquels il demeura attaché jusqu'en 1799. Pendant cette résidence de cinq années aux États-Unis, il contracta avec les savants des relations amicales et scientifiques dont notre Société a souvent recueilli les fruits, et rassembla les matériaux de plusieurs écrits, parmi lesquels on a distingué ses Notices sur les progrès des sciences physiques, de l'enseignement public, de la pratique de la médecine, de l'économie rurale et domestique dans cette vaste république, et plus particulièrement encore celles où il a consigné des détails si curieux sur les établissements de bienfesance: hôpitaux, maisons de retraite pour les infirmes et les vieillards, ateliers de charité pour les pauvres valides, qui ont servi à extirper la mendicité, ce chancre rongeur des États de notre vieille Europe; et enfin de ses observations sur les prisons converties en maisons de correction, où les condamnés sont soumis à des traitements rationnels propres à remédier aux effets d'une éducation vicieuse et aux habitudes anti-sociales qui disposent aux crimes.

Établissements dignes des méditations du philosophe et de l'homme d'état, universellement admirés, mais qui n'ont encore été imités que dans la seule cité de Genève. C'est à la fin de ces notices que M. Valentin, pénétré de reconnaissance pour les soins dont il a été l'objet, adresse aux Américains unis et aux Virginiens en particulier, des témoignages de gratitude également honorables à son cœur et aux généreux habitants de cette terre hospitalière (1).

Le nombre et la variété des objets traités dans ses écrits, sembleraient, à raison de leur importance, avoir dû seuls occuper les instants de notre laborieux observateur ; leur étude cependant n'était que le complément du travail auquel il se livrait habituellement pour comparer les maladies du nouveau continent à celles de l'ancien. Outre les affections communes à ces divers climats, il observait avec beaucoup de soin celles qui semblent propres au sol de l'Amérique, et fixa spécialement son attention sur ce fléau dévastateur qui, maintenant encore, est le sujet d'importantes controverses ; mais dont nous n'avions à cette époque que des notions très-imparfaites. Il rassembla sur la fièvre jaune des renseignements dont la certitude était fondée sur les observations assez nombreuses qu'il avait recueillies lui-même, et sur les relations des médecins les plus distingués parmi ceux qui avaient concouru au traitement de ces terribles épidémies. Son zèle pour les progrès de l'art et son exactitude étaient si connus, qu'à son arrivée en France il fut sollicité par Thouret, directeur de l'école de médecine de Paris, de commu-

(1) Notices sur les États-Unis d'Amérique, etc., 1, 2 et 3, Marseille, in-8.°, 1807.

niquer à la Société établie près de ce corps enseignant, le résultat des recherches dont elle avait conçu une opinion très-favorable. Ce travail est devenu le cadre de l'ouvrage qu'il a publié en 1803 (1), où après avoir exposé ce qu'il y a de mieux connu sur le caractère, l'origine et les causes de la maladie, il indique les méthodes préservatives et curatives, et établit, contre l'opinion de plusieurs médecins du continent américain, que ce fléau qui a si souvent sévi contre des populations nombreuses, ne doit cependant pas être considéré comme contagieux; établissant à cet égard une distinction importante entre les maladies contagieuses et celles que l'on nomme épidémiques, relativement au mode d'infection; distinction qui depuis est devenue classique. Cette opinion de M. VALENTIN, d'abord peu répandue parmi les médecins français, vient d'acquérir une grande autorité par les recherches d'un observateur aussi courageux que savant (2), dont le travail a mérité une grande et honorable récompense; quelle que soit au reste la solution de cette question, notre Confrère aura toujours le mérite d'en avoir ouvert la discussion et d'avoir ainsi contribué aux avantages que l'humanité doit en recueillir un jour.

Dès que les talents de M. VALENTIN ne furent plus nécessaires aux Français réfugiés aux États-Unis, il s'empressa de regagner sa patrie; mais ce ne fut pas encore sans avoir éprouvé de nouveaux malheurs, son vaisseau ayant été impitoyablement pillé par un corsaire qui laissa les passagers presque nus. Arrivé à Nancy, il retrouva d'anciens amis et le souvenir

(1) Traité de la fièvre jaune d'Amérique, in-8.°; Paris, 1803.
(2) M. le docteur Chervin.

des succès qui avaient fondé sa réputation, il reprit immédiatement ses travaux ; mais tandis qu'il s'occupait encore de l'inoculation variolique, l'Angleterre, en possession d'une méthode préservatrice bien plus parfaite que l'ancienne, en offrait les avantages à tous les peuples de la terre. Notre savant Confrère, qui dans ces temps où les communications étaient assez difficiles, avait conservé des relations avec les savants de l'extérieur, fut des premiers instruit du beau présent que Jenner avait fait à l'humanité, et des premiers à en reconnaître les avantages : il ne l'adopta cependant qu'après avoir consulté l'expérience. Dix enfants imprégnés du préservatif Jennérien au mois d'octobre 1800, furent inoculés avec le virus variolique, sans que la variole se soit développée ; la même tentative répétée au printemps suivant sur un nombre triple, ayant donné le même résultat, l'opinion fut fixée sur l'efficacité du nouveau préservatif, et ces faits incontestables dissipèrent en ce pays les doutes légitimes qui pouvaient exister contre la nouvelle méthode. Cependant, lorsque témoins du résultat de ces utiles expériences, nous attestions au public la vérité des faits consignés dans les actes destinés à en conserver le souvenir (1), de petits esprits incapables de s'élever à quelque conception noble et qui n'avaient jamais su distinguer l'art du métier, répandaient dans leurs petites coteries d'impuissantes calomnies ; ils présentaient les efforts du savant Confrère comme des manœuvres destinées à capter la

(1) Résultats de l'inoculation de la vaccine dans les départements de la Meuse, des Vosges et du Haut-Rhin ; Nancy, in-8.°; messidor an x (juillet 1802).

confiance publique ; mais ces misérables intrigues ne purent empêcher nos compatriotes de le placer au nombre des bienfaiteurs du pays auquel il a procuré de bonne heure les avantages de la vaccination. Ce titre, si justement acquis, lui a été confirmé par le Comité central de vaccine, qui s'est fait un devoir de reconnaître les droits qu'il avait à cette honorable distinction (1).

Quoique l'activité constante de M. VALENTIN annonçât une santé inaltérable, elle avait cependant reçu des atteintes en Amérique; les fatigues et les peines d'un long et malheureux voyage qui l'avaient jeté dans un grand état de faiblesse, lui fesaient éprouver le besoin d'un climat plus doux : il se détermina pour cette raison à transporter son domicile à Marseille. Le séjour qu'il fit en cette ville, dont l'amélioration de sa santé était le but principal, ne fut pas toutefois inutile à la science ; il communiqua à l'Académie des observations sur la culture des végétaux exotiques dans les contrées méridionales de la France, des recherches sur l'histoire naturelle du sarigue, quelques notes sur le mamouth des rives de l'Ohio, et sur les kangouros qu'il avait observés dans les jardins de Kew. Cependant une question plus analogue à ses travaux vint piquer sa curiosité ; il avait appris qu'une maladie, d'un caractère inconnu, existait à Vitrolle de temps immémorial ; il s'y transporta pour l'observer, et quoique les symptômes

---

(1) Rapports au Comité de vaccine de Nancy par le docteur Serrières, Secrétaire du Comité; et Notice historique sur les progrès de la vaccine dans le département de la Meurthe, par le même; Nancy, 1823.

qui la caractérisent, mitigés par le temps, en aient rendu le diagnostic plus difficile, il ne put méconnaître cette affection redoutable qui ravagea l'Europe au moyen-âge, et dont les médecins arabes ont tracé des tableaux si effrayants : il visita sept individus qui avaient reçu de leurs parents ce funeste héritage, et ses observations, conformes à celles du docteur Fodéré, faites en un autre lieu, ne laissent aucun doute que cette maladie ne soit un reste de la lèpre d'Orient dont nos deux observateurs auront constaté les dernières phases (1).

La nouvelle résidence de M. Valentin lui avait procuré tous les avantages qu'il pouvait désirer : honoré de ses confrères, recherché du public, il comptait une clientelle nombreuse et composée des personnes les plus considérables, parmi lesquelles nous distinguons Charles IV, roi d'Espagne, que ses malheurs avaient conduit en cette ville. Il avait encore obtenu pour le rétablissement de ses forces, ce qu'il attendait de l'influence du climat; mais tandis que sa santé s'améliorait, celle de son épouse, qui dépérissait journellement, le força de revenir à Nancy, où il se choisit une retraite également favorable à son goût pour l'étude et à la culture des végétaux exotiques, à laquelle il s'est livré avec beaucoup d'ardeur vers la fin de sa carrière.

Je ne vous rappellerai pas, Messieurs, le plaisir avec lequel nous reçûmes cet ancien collaborateur dont l'activité a été si utile à notre Société, en qui plusieurs d'entre nous retrouvaient un ami et tous un excellent confrère. La plupart des hommes ne cherchent la re-

(1) Le nombre des lépreux et les symptômes de la maladie diminuant chaque année, il y a lieu d'espérer sa disparition complète.

traite que pour y trouver le repos; M. Valentin ne désirait que le loisir nécessaire à l'exécution des travaux qu'il avait entrepris : dès qu'il put en jouir, il mit en ordre les matériaux nombreux qu'il avait recueillis sur le croup. Cette maladie, si funeste au jeune âge, avait été le sujet d'un concours fameux qui semblait avoir épuisé la question. Le travail de notre Confrère ne paraissant qu'après le jugement de la Société savante chargée d'adjuger le prix, était dans une situation peu favorable vis-à-vis du public (1); cependant les médecins y trouvèrent une distribution si méthodique des matières, une connaissance si approfondie du sujet, et des observations si nombreuses, si variées, et par-là même si propres à en éclairer le diagnostic et en diriger le traitement, qu'il obtint beaucoup de succès et qu'il a continué à être considéré comme une monographie indispensable au praticien qui veut connaître avec exactitude une affection dont la marche précipitée et pour ainsi dire foudroyante, tromperait sa prudence si, la méconnaissant à son début, il n'y opposait assez promptement les remèdes les plus efficaces.

Notre laborieux Confrère publia en 1815, deux ouvrages moins étendus, mais également consacrés au perfectionnement de la médecine pratique. Le premier, sur les fluxions de poitrine (2), est le développement d'un mémoire présenté en 1791 à la Société royale de médecine, auquel l'auteur a ajouté ce que ses tra-

(1) Recherches historiques et pratiques sur le croup; in-8.°; Paris, 1822.
(2) In-8.°, Nancy, 1815.

vaux en plusieurs climats lui ont donné lieu d'observer sur une maladie dont le traitement est encore le sujet d'une controverse remarquable entre les médecins; les uns, partisans de la saignée, les autres, avec M. Valentin, de la méthode perturbatrice et révulsive, au moyen des émétiques. (1) Le second ouvrage est encore la publication d'un mémoire couronné en 1799, dont l'objet est *l'emploi du cautère actuel dans plusieurs maladies des yeux, des enveloppes du crâne, du cerveau et du système nerveux.* Dans cet écrit, l'auteur abandonnant les hypothèses et les théories qui se plient avec tant de complaisance aux vues des inventeurs, se borne à rapporter avec exactitude les faits qu'il a recueillis en faveur d'une médication peu propre sans doute à flatter notre délicatesse, mais que le père de la médecine a préconisée, à laquelle plusieurs médecins ont dû des succès extraordinaires, et qui est encore la seule pratique efficace contre l'hydrophobie (2) et une dernière ressource contre les maladies qui résistent aux remèdes ordinaires.

Tant de travaux entrepris pour le bien public, tant de succès obtenus au profit de l'humanité n'avaient eu que l'estime publique pour récompense jusqu'en 1815, époque où S. M., alors Monsieur, décora de l'étoile de la Légion-d'Honneur l'auteur du Traité des fluxions de poitrine qui lui était dédié. Mais peu de temps après, le feu Roi lui donna l'ordre de St-Michel qu'avait aussi porté Desoteux son chef et son collaborateur : récom-

(1) Nancy, in-8.°, 1815.

(2) Lettre sur l'hydrophobie, adressée au docteur Haldat; journal général de médecine, tomes 22 et 24.

penses honorables pour notre Confrère, parce qu'il honorait ses dignités; distinctions auxquelles le public applaudissait, parce qu'il n'était pas obligé de demander sur quels titres il les avait obtenues.

La retraite agréable que M. Valentin s'était choisie, convenait parfaitement à son goût pour l'étude, mais elle ne pouvait toujours suffire à son activité; il la quitta plusieurs fois pour chercher des aliments à son zèle. Il avait fait en Angleterre, en 1803, un voyage dont le but était de constater l'état de la médecine, d'établir avec les savants des relations utiles à ses travaux, mais surtout de visiter le berceau de la vaccine et de payer un tribut d'hommages à l'immortel inventeur de cette découverte (1). Quelques années après il fit dans le grand-duché de Bade, les royaumes de Bavière et de Wurtemberg, une excursion scientifique, dans laquelle il recueillit des observations intéressantes sur les arts, les antiquités, les collections d'histoire naturelle, l'état de l'enseignement médical, et contracta avec les savants des relations amicales dont nous avons recueilli les témoignages en suivant ses traces. En 1820, il parcourut l'Italie, la Suisse et la Savoie, animé du désir d'augmenter des connaissances déjà si étendues et si variées. Notre Confrère se proposait aussi d'améliorer sa santé par un exercice inusité et l'influence d'un climat chaud; et de recueillir sur l'état de la médecine en Italie, des renseignements qu'il avait inutilement cherchés dans les livres. C'est dans ce double but qu'il en parcourut les villes principales; et comme le Vésuve, alors en éruption, était un des objets principaux de sa curiosité, il

(1) Précis des travaux de l'académie de Nancy, 1819 et 1823.

se dirigea par mer directement vers Naples, où il arriva à la fin de 1820. Il gravit presqu'aussitôt la montagne dont les flancs fumaient encore sous les cendres brûlantes de l'éruption qui venait de cesser, et put contempler le torrent de lave incandescente fourni par l'une des bouches du volcan. Il s'arrêta sur les débris des villes antiques ensevelies depuis 19 siècles sous les matières de l'éruption qui coûta la vie au grand naturaliste latin. De retour à Naples, il visita en observateur tous les établissements consacrés à l'étude des arts, des sciences et au soulagement de l'humanité, et se dirigea vers Rome, Florence et la Haute-Italie, pour rentrer en France par la Suisse.

Comme notre Confrère n'avait pu, dans ce premier voyage, observer qu'une partie des villes importantes de ce beau pays, il en fit un second en 1822, où il acheva de rassembler les matériaux qui ont fourni le texte du Voyage qu'il a publié en 1822 et 1826 (1). Ceux qui chercheraient dans cet ouvrage une description complète de l'Italie, soit sous le rapport des arts ou de l'histoire naturelle, n'auraient pas compris le but de l'Auteur; voué spécialement au perfectionnement de son art, M. VALENTIN s'est attaché à la description des objets qui en dépendent ou qui s'y rapportent. Il a fait à la vérité de fréquentes excursions vers des sujets différents, mais les articles qu'il leur consacre ne sont que des accessoires propres à faire régner dans l'ouvrage une agréable variété, tandis que l'attention du lecteur est principalement dirigée vers les institu-

(1) Voyage médical en Italie, 1.re et 2.e édition in-8.°, 1822 et 1826.

tions destinées à la propagation des sciences : les académies, les écoles publiques, les collections scientifiques vers les établissements consacrés à l'enseignement ou à la pratique de la médecine, enfin est arrêtée sur les ouvrages nouveaux qui en étendent le domaine où en font connaître l'état. Considéré sous ce point de vue qui lui est propre, l'ouvrage de M. VALENTIN remplit parfaitement le but qu'il se proposait et forme une bonne statistique médicale et scientifique de l'Italie, dont l'exactitude a obtenu l'assentiment du public éclairé.

Pendant que notre savant et zélé voyageur repolissait les matériaux de l'ouvrage dont nous venons de parler, pour en donner une deuxième édition, Jenner quittait pour jamais la patrie sur laquelle il avait répandu un si grand honneur ; il venait de mourir à Berkley dans le Glocester, (1) comblé de gloire et de richesses, et ce qui est au-dessus de la gloire et des richesses, de la bénédiction des hommes. Notre Collègue qui avait eu avec ce grand médecin des relations fréquentes, et qui en avait reçu de précieux témoignages d'amitié, réunit les détails qu'il s'était procurés sur une vie si utile et des travaux si glorieux, et en communiqua le résultat à notre Société, sous le titre de *Notice historique sur Jenner* ; (2) cet éloge est presque le dernier de ses écrits : heureux de terminer sa carrière littéraire par un hommage au génie, un tribut à l'amitié, et je dois dire par une bonne action ; l'ouvrage imprimé aux frais de l'auteur, ayant été vendu au profit des pauvres.

(1) 26 janvier 1826.
(2) Nancy, in-8.°, 1.re et 2.e édition, 1827.

Messieurs, j'ai déja dépassé les bornes assignées aux lectures publiques, et cependant je n'ai encore mentionné qu'une partie des productions de notre savant et laborieux Confrère; je n'ai parlé ni de la description des États-Unis, publiés dans la géographie de Gutherie, ni d'un grand nombre d'articles communiqués à diverses sociétés savantes ou imprimés dans les recueils périodiques (1). L'activité était un des éléments de sa vie, le travail fesait son bonheur, il ne quittait l'étude que pour donner ses soins aux végétaux exotiques recueillis en grand nombre dans le beau jardin réuni à son habitation. Comme ses vues étaient constamment dirigées vers l'utilité publique, il voulait que ses plaisirs mêmes tournassent au profit de ses compatriotes. Depuis long-temps il s'occupait à multiplier des espèces utiles ou curieuses, et se livrait à des essais qui avaient pour but d'acclimater ceux de ces végétaux qu'il regardait comme les plus avantageux. Il nous a communiqué le résultat de ses tentatives, et le Précis des travaux qui se publie maintenant, fera jouir le public de ce dernier résultat de ses recherches.

M. Valentin avait reçu de la nature une santé robuste, dont les signes extérieurs, même en ses dernières années, nous fesaient espérer de jouir long-temps encore de son amitié et de ses connaissances; mais une maladie dont il dissimulait soigneusement les progrès, a trompé nos espérances et privé l'Académie de l'un de ses Membres les plus utiles, ses Confrères d'un modèle, les jeunes Médecins d'un guide et

(1) Notice sur la vie, les ouvrages du docteur Valentin, par M. le docteur Simonin, professeur à l'école de médecine de Nancy.

d'un appui, enfin ses Amis d'un esprit élevé et d'un cœur droit. Il est mort près de ces mêmes végétaux qu'il cultivait avec tant d'affection, entouré de ses amis auxquels il a laissé l'exemple utile d'un grand zèle pour l'honneur et les progrès de son art, de la constance dans les douleurs, et de la résignation aux ordres de la Providence. Il est mort le 11 février 1829, âgé de 73 ans, comblé de leurs éloges et suivi de leurs regrets.

www.ingramcontent.com/pod-product-compliance
Lightning Source LLC
Chambersburg PA
CBHW060918050426
42453CB00010B/1798